KATJA WESTPHAL

Eisparty

30 EISREZEPTE
UNWIDERSTEHLICH &
PERFEKT DEKORIERT

EMF

EIN BUCH DER
EDITION MICHAEL FISCHER

INHALT

REZEPTE

DIE KLASSIKER

ORIGINELLES AUS DEM SÜSSIGKEITENREGAL

EIS AM STIEL

EIS MAL ANDERS

WOW

MMH

PARTY

VORWORT

Fakt ist: Ich wollte schon immer ein Buch schreiben. Ich wollte schon immer eine kleine Eisdiele eröffnen und Menschen mit selbst gemachtem Eis erfreuen. Und ich wollte schon immer mal lernen, richtig zu fotografieren.

Und all das soll jetzt wirklich wahr geworden sein? Nun gut, ich habe keine Eisdiele eröffnet (aber wer weiß?!) und bin vielleicht noch keine perfekte Fotografin, aber mit dem Schreiben dieses Buchs ist für mich ein großer Traum in Erfüllung gegangen und ich kann immer noch nicht glauben, dass ich diese Reise antreten durfte.

Sie halten hier also nicht nur ein Buch in der Hand, mit dem Sie ganz einfach mit wenigen Zutaten und ohne Eismaschine leckeres Eis zaubern können – Sie halten meinen Traum in der Hand!

Und dafür danke ich Ihnen und wünsche Ihnen viel Spaß beim Stöbern, Ausprobieren, Inspiriertwerden und Nachzaubern.

An die Löffel, fertig, los!

Ihre Katja Westphal

Katja Westphal

I LOVE ICECREAM

SWEET

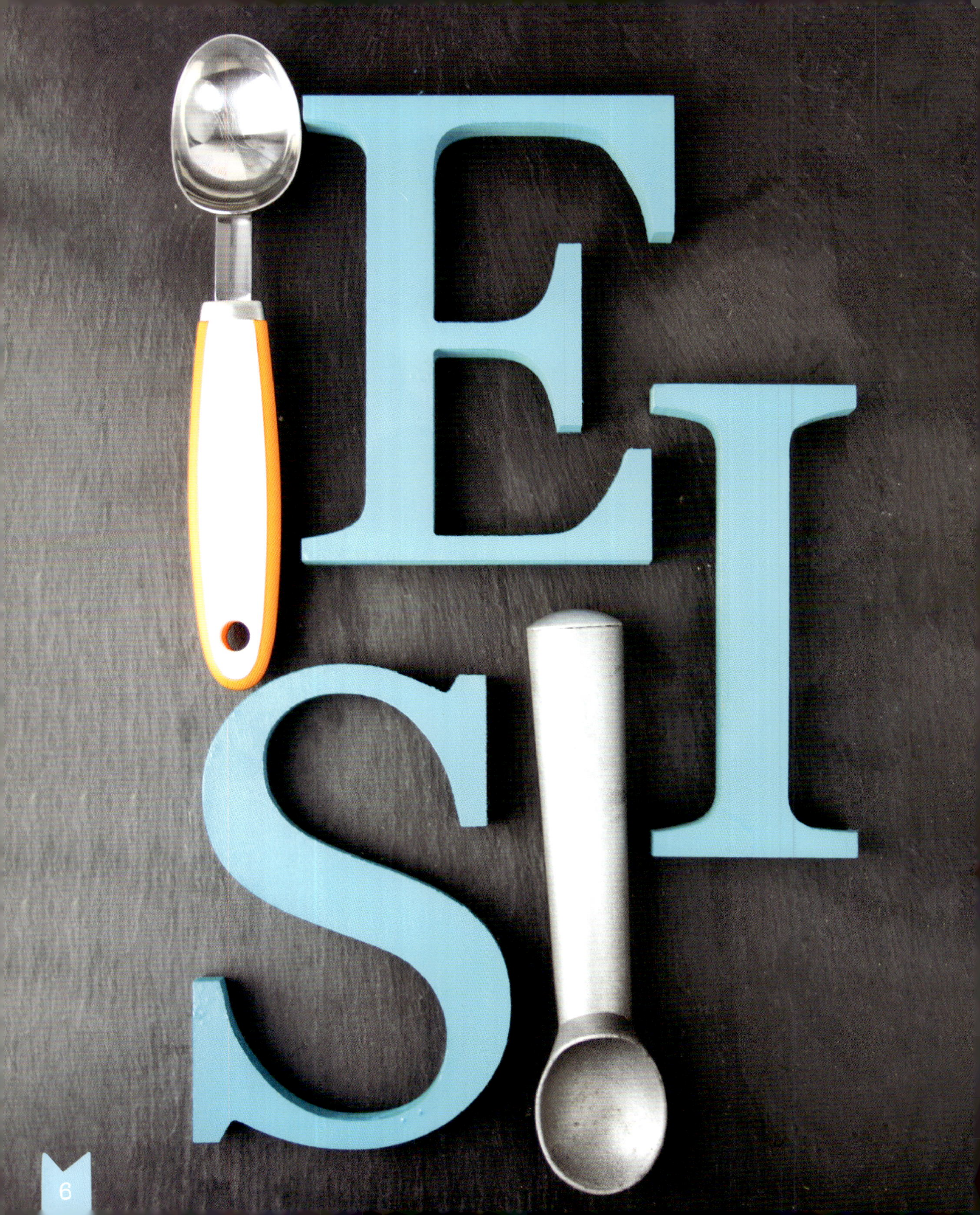
EIS

WISSENSWERTES RUND UMS EIS

Schon als Kind gehörte Eis für mich zum Sommer dazu. Ich erinnere mich sehr gut, wie ich in den Ferien bei meiner Oma eine ganze Thermoskanne voller Eiscreme aus dem Eiscafé ihres Vertrauens kaufen durfte. Wie ich mit großen Augen dem Eiscafébesitzer dabei zusah, wie er das kühle Glück abfüllte und mir eine Waffel mit einer Kugel Schokoladeneis schenkte.

Als ich zum ersten Mal gekostet habe, war es sofort um mich geschehen: Ich liebe Eiscreme! Am liebsten mag ich auch heute immer noch Schokoladeneis, aber auch viele andere leckere Sorten konnten mein Herz erobern.

Und weil es nicht immer gerade die Sorte Eiscreme, auf die ich Lust habe, zu kaufen gibt, begann ich vor einigen Jahren, selbst Eis herzustellen. Und zwar ohne Eismaschine, denn ich besitze keine.

Glauben Sie mir: Eis zaubern ohne Eismaschine – das klingt schwieriger, als es ist. Sie brauchen eigentlich nur die richtigen Zutaten und etwas Geduld. Der Vorteil ist: Das selbst gemachte Eis ist frei von Konservierungsstoffen, Sie können das Eis nach Belieben verfeinern und auf mögliche Lebensmittelunverträglichkeiten Rücksicht nehmen. Toll, oder? Viele leckere Rezeptideen, die sich ganz leicht mit wenigen Zutaten umsetzen lassen, finden Sie in diesem Buch.

DAS GRUNDREZEPT

Für cremiges Speiseeis benötigen Sie nur wenige Zutaten:

ZUTATEN

Eier

Zucker

Sahne

SO GEHT'S

In der Regel werden ein ganzes Ei und zwei Eigelb verwendet, die gemeinsam mit dem Zucker schaumig geschlagen werden. Zusammen mit steif geschlagener Sahne haben Sie schon wie von allein die Basis für leckeres Eis gezaubert!

EINFRIEREN – ABER WIE?

Die cremige Eismasse wandert für mindestens vier Stunden in das Gefrierfach Ihres Kühlschranks, dann können Sie Ihr selbst gemachtes Eis genießen. Es empfiehlt sich, eine Aluminiumschüssel zu verwenden, da die Kälte sich so besser verteilt. Sie können aber auch jede andere gefriergeeignete Schüssel oder Schale verwenden. Ich habe auch oft einfach eine Plastikdose benutzt. Zudem sollten Sie darauf achten, dass die verwendete Schüssel oder das verwendete Gefäß groß genug ist, etwa doppelt so groß wie die Menge an Eis, die Sie einfrieren wollen. Dies ist praktisch, da Sie die Eismasse zwischendurch immer wieder umrühren müssen.

Für Eis am Stiel bieten sich viele verschiedene Eis-am-Stiel-Formen an, die Sie im Einzelhandel erwerben können. Ich bevorzuge Holzstiele, es gibt aber auch Plastikstiele zu kaufen. Als alternative Eisformen eignen sich z. B. auch leere Joghurtbecher, Eiswürfelbehälter oder diverse Silikonförmchen.

KEIN GEHEIMNIS – RÜHREN, RÜHREN, RÜHREN!

Damit Speiseeis cremig wird, ist etwas Handarbeit nötig. Was sonst die Eismaschine erledigt, das müssen nämlich Sie tun: rühren, rühren und nochmals rühren. Um während des Einfrierens keine Eiskristalle entstehen zu lassen, sollten Sie ungefähr alle 30 Minuten mit einem Löffel, Schneebesen oder einem Handrührgerät kräftig umrühren. Das Eis dankt es Ihnen mit einer unschlagbaren Cremigkeit.

NACH DEM ZAUBERN IST VOR DEM ZAUBERN: HALTBARKEIT?!

In der Regel hält sich das selbst gemachte Eis bei mir nur wenige Stunden, so schnell ist es auch schon wieder verputzt! Sollten Sie doch dazu kommen, das Eis wieder einzufrieren, oder gar Reste übrig haben, empfehle ich, es innerhalb einer Woche aufzuessen.

Eis am Stiel, das ohne Sahne oder Ei gezaubert wurde, können Sie hingegen länger aufbewahren.

SIE VERTRAGEN KEINE MILCHPRODUKTE?

Ich auch nicht. Deswegen verwende ich statt klassischer Sahne und Joghurt die laktosefreie Variante. Das funktioniert sehr gut; haben Sie also keine Angst davor, die Zutaten entsprechend zu ersetzen!

TIPP

Um das Eis aus den Eis-am-Stiel-Formen zu lösen, halten Sie die Formen unter warmes Wasser. So schmilzt die äußerste Schicht und Sie können schneller in den Genuss Ihres selbst gemachten Eises kommen.

GEFRIERGEEIGNETE SCHÜSSELN

EISSCHÜSSELN

EIS-AM-STIEL-FORMEN

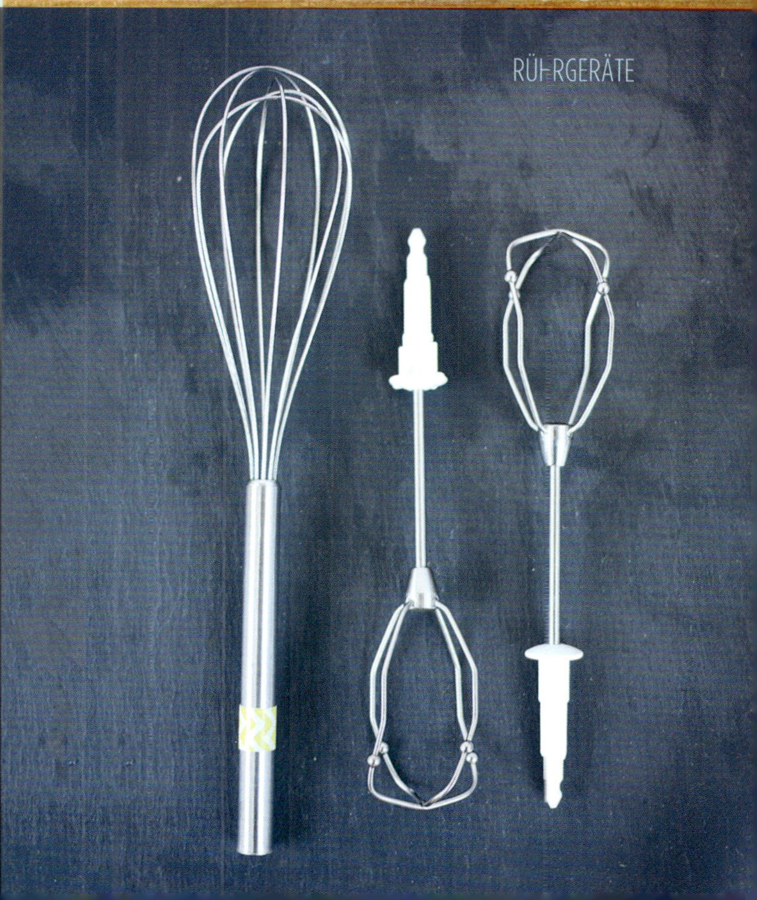
RÜHRGERÄTE

DAS KLEINE SCHWARZE

Es kommt galant daher, passt immer und gefällt so gut wie jedem: Das kleine Schwarze ist ein gern gesehener Gast, nicht nur auf der Party, sondern auch in der Waffel oder auf dem Teller.

SWEET

Ergibt ca. 4 leckere Portionen

MMH

ZUTATEN

150 g dunkle Schokolade

3 Eier

2 EL Zucker

1 EL Vanille, gemahlen

250 ml Sahne

1 EL Schokoladentropfen

SO GEHT'S

1. Die Schokolade in kleine Stückchen brechen und in einen Topf geben. 3 Eier trennen, das Eigelb zur Schokolade und das Eiweiß in eine andere Schüssel geben.

2. Schokolade und Eigelb auf ganz niedriger Stufe unter Rühren schmelzen, bis eine Creme entsteht. 2 EL Zucker und 1 EL Vanille unterrühren und abkühlen lassen.

3. In einer anderen Schüssel die Sahne steif schlagen. Schokoladencreme und Sahne miteinander verrühren. Das beiseitegestellte Eiweiß ebenfalls steif schlagen und die Schokoladen-Sahne-Creme unterheben.

4. Die Eismasse in eine Aluminiumschüssel umfüllen und Schokoladentropfen hineinrieseln lassen. Für ca. 4 Stunden im Eisfach gefrieren lassen. Nicht vergessen: Der Weg zum cremigen Eis führt über stetiges Rühren! Deswegen sollte die Masse ungefähr alle 30 Minuten mit einem Esslöffel umgerührt werden.

DEKO

Statt Schokoladentropfen Schokoladensoße durch das fast gefrorene Eis ziehen, dies ergibt eine schöne Marmorierung!

TIPP

Dieses cremige Schokoladeneis schmeckt noch besser, wenn Sie Cognac oder Amaretto zur Schokoladenmasse geben. Aber Achtung: Nur für Erwachsene geeignet!

YUMMY
I LOVE ICECREAM

ERDBEEREIS

Kein Sommer ohne Erdbeereis! Im Nullkommanichts ist dieser Klassiker herzustellen und dient als herrliche Erfrischung in der heißen Jahreszeit.

Ergibt ca. 4 leckere Portionen

ICECREAM

ZUTATEN

250 g frische Erdbeeren

1 Ei

1 Eigelb

1 EL Zucker

200 ml Sahne

1 Msp. gemahlene Vanille

SO GEHT'S

1. Die frischen Erdbeeren putzen und pürieren.
2. Ei und Eigelb zunächst mit dem Zucker schaumig rühren. Die pürierten Erdbeeren einrühren. Dann die Sahne zusammen mit der Vanille steif schlagen und unter die Masse heben.
3. Die Eismasse in eine gefriergeeignete Schüssel umfüllen und für mindestens 4 Stunden im Gefrierfach fest werden lassen. Damit das Eis schön cremig wird, regelmäßig ungefähr alle 30 Minuten umrühren.

DEKO

Wenn Sie pürierte Erdbeeren klecksweise zum halbgefrorenen Eis geben, erhalten Sie einen hübschen Effekt und unterstreichen dadurch den Fruchtgeschmack.

TIPP

Statt frischer Erdbeeren können Sie auch gefrorene Erdbeeren verwenden. Diese aber vorher bitte gut auftauen lassen.

SWEET

MMH

MILLA VANILLA

YUMMY

Dieses cremige Eis ist der Klassiker schlechthin und aus keinem Eiscafé wegzudenken! Selbst gemacht schmeckt es besonders gut.

Ergibt ca. 4 leckere Portionen

ICECREAM

ZUTATEN

2 Eigelb

200 ml Sahne

1 Vanilleschote

70 g Zucker

150 g Mascarpone

SO GEHT'S

1. Das Eigelb gemeinsam mit der Sahne in einem hohen Gefäß steif schlagen. Die Vanilleschote auskratzen und das Mark mit dem Zucker unterrühren. Die Masse ungefähr 30 Sekunden lang auf höchster Stufe mixen.

2. Den Mascarpone dazugeben und kräftig unterrühren.

3. Die Eismasse in eine gefriergeeignete Schüssel geben und in das Gefrierfach stellen. Bis das Eis fest geworden ist, mehrmals umrühren, damit es cremig bleibt. Nach ungefähr 4 Stunden sollte die Eiscreme gefroren sein.

DEKO

Vanilleeis, garniert mit Schokoladenstreuseln, Himbeeren oder Zimt, sieht nicht nur super aus, sondern schmeckt auch lecker … mmh!

VARIANTE

Wie wäre es einmal mit Eiskaffee? Im Sommer ist er ein wahrer Hochgenuss und gleichzeitig ein erfrischender Wachmacher! Übergießen Sie dafür einfach 2 Kugeln Vanilleeis mit ungefähr 150 ml abgekühltem Kaffee und rühren Sie kurz um. In einem Schraubglas serviert, macht dieser kalte Kaffee auch optisch richtig was her!

LECKER

I LOVE ICECREAM

ZITRONENSORBET

Sauer macht lustig! Auch dieses Sorbet ist eher sauer als süß, der Geschmack erinnert aber an heiße Sommernachmittage am Strand und zaubert ein Lächeln auf das Gesicht.

Ergibt ca. 4 leckere Portionen

ICECREAM

ZUTATEN

abgeriebene Schale von einer unbehandelten Zitrone

80 ml Wasser

100 g Zucker

100 ml frisch gepresster Zitronensaft

SO GEHT'S

1. Zitronenschale, Wasser und Zucker in einem kleinen Topf aufkochen lassen, bis sich der Zucker aufgelöst hat. Fleißig rühren, damit nichts anbrennt.
2. Wenn die Masse abgekühlt ist, den Zitronensaft unterrühren.
3. In eine gefriergeeignete Schüssel umfüllen und für mindestens 6 Stunden in das Gefrierfach stellen. Ungefähr alle 30 Minuten mit einer Gabel umrühren, damit eine lockere Struktur entsteht.

DEKO

In der Schale einer ausgepressten Zitrone serviert, ist das Sorbet ein echter Blickfang. Dazu aus den Zitronenhälften mit einem Teelöffel und einem kleinen Messer vorsichtig das Fruchtfleisch herauskratzen. Die Unterseiten der Zitronen gerade schneiden, sodass sie nicht umkippen können.

TIPP

Um Ihrem Sorbet einen ganz besonderen Pfiff zu verleihen, geben Sie frische Minze zur Sorbetmasse. Sie können diese leckere Abkühlung übrigens auch mit anderen Zitrusfrüchten, wie Orangen oder Limetten, zaubern.

MMH

HEISS AUF EIS

BROWNIE-EIS

Ergibt ca. 20 leckere Brownies bei einem kleinen Backblech (45 x 30 cm) und 3–4 leckere Eisportionen

Saftig, locker und schokoladig: Brownies kann einfach niemand widerstehen! Brownie-Eiscreme ist die perfekte Kombination aus Vanilleeis und Kuchen. Der Clou an diesem Rezept? Es bleiben genügend Brownies zum Naschen übrig!

MMH

ZUTATEN

Für die Brownies

250 g weiche Butter oder Margarine

250 g Zucker

3 große Eier

200 g dunkle Schokolade

100 ml Milch

½ TL Vanilleextrakt

30 g Kakao

90 g Weizenmehl

1 TL Backpulver

etwas Butter zum Einfetten

etwas Mehl zum Bestäuben

Für die Eiscreme

2 Eigelb

200 ml Sahne

1 Vanilleschote

70 g Zucker

150 g Naturjoghurt

SO GEHT'S

Für die Brownies

1. Den Ofen auf 180 °C vorheizen und ein kleines Backblech (mit hohem Rand) oder eine rechteckige Kuchenform einfetten und mit Mehl bestäuben.

2. Als Nächstes Butter und Zucker mit dem Mixer schaumig rühren. Die Eier hinzufügen und ca. 5 Minuten weiterrühren, bis die Masse fluffig ist (wie ein Mousse).

3. Ca. 50 g Schokolade klein hacken. Die restliche Schokolade gemeinsam mit 100 ml Milch über dem Wasserbad schmelzen. Abkühlen lassen und zur Margarinemasse geben. Vorsichtig verrühren. Im Anschluss Vanilleextrakt, Kakao, Mehl und Backpulver hinzufügen. Noch einmal mit dem Mixer durchrühren und die Schokoladenstückchen zum Teig geben.

4. Den Teig in die gefettete Backform füllen und ca. 25–30 Minuten backen. Mittels Stäbchenprobe prüfen, ob die Brownies fertig sind. Abkühlen lassen und in 20 Quadrate schneiden.

Für die Eiscreme

1. Das Eigelb gemeinsam mit der Sahne in einem hohen Gefäß steif schlagen. Die Vanilleschote auskratzen und das Mark mit dem Zucker unterrühren. Die Masse ungefähr 30 Sekunden lang auf höchster Stufe mixen.

2. Den Joghurt dazugeben und kräftig unterrühren. Ungefähr 2 Brownies in kleine Stücke schneiden oder reißen und unterrühren. Dabei aufpassen, dass sich die Stückchen gut verteilen.

3. Die Eismasse in eine gefriergeeignete Schüssel geben und in das Gefrierfach stellen. Bis das Eis fest geworden ist, mehrmals umrühren, damit es cremig bleibt. Nach ungefähr 4 Stunden sollte die Eiscreme gefroren sein.

DEKO

Die Masse können Sie auch in ausgewaschene Joghurtbecher füllen, gefrieren lassen und anschließend als Eis am Stiel servieren. Eine dekorative Schicht aus Schokoladenstreuseln verleiht dem Eis dann noch den letzten Pfiff.

SCHOKOKEKS-EIS

Schokoladenkekse mit Milchcremefüllung sind meine Lieblingskekse. Noch besser, wenn die kleinen Leckerbissen als kühle Eiscreme daherkommen!

Ergibt ca. 3–4 leckere Portionen

YUMMY

ZUTATEN

ca. 150 g Schokoladenkekse mit Milchcremefüllung (Menge nach Bedarf)

1 Ei

3 Eigelb

2 EL Zucker

250 ml Sahne

2 EL Schmand

SO GEHT'S

1. Zunächst werden die Kekse klein geschnitten oder einfach zerbröselt.

2. Ei, Eigelb und Zucker in einer Schüssel schaumig rühren. Die Sahne steif schlagen und dann unterheben. Schmand wandert auch noch in die Schüssel.

3. Nun die Keksbrösel dazugeben und kräftig durchrühren. Ab in eine gefriergeeignete Schüssel damit. Darauf achten, dass sich die Kekse nicht alle unten absetzen. Am besten noch einmal durchrühren. Im Anschluss in den Gefrierschrank stellen und durchfrieren lassen. Zwischendurch immer wieder fleißig rühren, dann klappt's auch mit der Cremigkeit. Nach ungefähr 4 Stunden sollte die Eiscreme gefroren sein.

TIPP

Das Eis schmeckt auch sehr lecker in Kombination mit Früchten, beispielsweise Kirschen, die mit untergerührt werden.

SWEET

DEKO

Schlichte Eisbecher aus Pappe werden mit Masking Tape zu einem echten Hingucker!

COOL

EAT MORE
ICECREAM

GRAPEFRUIT AM STIEL

Schon allein der Farbe wegen müssen Sie dieses Eis am Stiel einfach lieben! Hier vermischen sich Zartrosa und Orange zu einem herbsüßen Genuss!

Ergibt ca. 8 Stück leckere Eis am Stiel

SWEET

ZUTATEN

ca. 150 ml Grapefruitsaft

ca. 150 ml pinke Limonade

1 Grapefruit, in Scheiben geschnitten

SO GEHT'S

1. Die Eis-am-Stiel-Formen werden zu $^{2}/_{3}$ mit Grapefruitsaft und pinker Limonade gefüllt.

2. Die Grapefruit wird in Scheiben geschnitten und ebenfalls in die Formen gegeben. Damit die Grapefruitscheiben im fertigen Eis sichtbar sind, können Sie sie mit einem Löffel an die äußere Wand der Form schieben.

3. Bei Bedarf etwas Limonade und Saft nachgießen, bis die Form vollständig gefüllt ist. Das Eis etwa 1 Stunde ins Gefrierfach stellen. Dann die Holzstiele hineinstecken und erneut einfrieren. Nach ungefähr 3 Stunden sollte das Eis fertig sein.

LIKE ICE IN THE SUNSHINE

VARIANTE

Wie wäre es statt Grapefruit am Stiel mit einem Farbverlaufeis? Dazu brauchen Sie verschiedene Säfte, deren Farben optisch zusammenpassen. Gießen Sie nun jeweils eine flache Schicht eines Safts in die Eis-am-Stiel-Form und stellen Sie diese in den Gefrierschrank. Wenn die Schicht fest ist, eine weitere Schicht Saft darübergießen und erneut einfrieren. Sobald die Form bis über die Hälfte mit Säften gefüllt ist, den Holzstiel hineinstecken und ebenfalls mit einfrieren. So lange das Aufgießen mit Saft wiederholen, bis das gewünschte Muster entstanden ist.

YUMMY

MANGO NUMBER 5

Dieses zappelige Mango-Joghurt-Eis am Stiel zaubert im Handumdrehen gute Laune!

Ergibt ca. 4–6 Stück leckere Eis am Stiel

ICECREAM

ZUTATEN

200 ml Schlagsahne

150 g Naturjoghurt (3,5 % Fett)

2 EL Zucker

½ TL gemahlene Vanille

½ Mango

SO GEHT'S

1. Die Schlagsahne ordentlich steif schlagen und mit dem Joghurt verrühren. Zucker und Vanille unter die Masse heben.
2. In einem hohen Gefäß das Fruchtfleisch der halben Mango pürieren.
3. Abwechselnd Eismasse und Mangopüree in die Eisformen füllen und mit einem Zahnstocher spiralförmig zwei- bis dreimal durchziehen, damit eine Marmorierung entsteht. Das Eis etwa 1 Stunde im Gefrierfach anfrieren lassen.
4. Die Eisstiele platzieren und das Ganze für 3–4 Stunden im Gefrierfach tiefkühlen.

TIPP

Statt Mango einfach Erdbeeren, Stachelbeeren oder Blaubeeren verwenden und damit leckeres sommerliches Eis am Stiel zaubern. Bei Beeren mit Kernen bitte das Püree vor der Verwendung durch ein Sieb streichen.

MMH

DEKO

Buntes Tape auf die Eisstiele kleben – geht schnell und macht optisch ordentlich was her!

Aus den Eisstielen können Sie übrigens auch im Nullkommanichts dekorative Schilder zaubern. Einfach mit Buchstabenstempeln die gewünschten Begriffe aufstempeln und anschließend mit Masking Tape verzieren. Fertig!

WOW

LIKE ICE IN
THE SUNSHINE

MOJITO LIGHT

Cocktails sind auf jeder Sommerparty ein Muss. Dieser Cocktail am Stiel kommt alkoholfrei daher und erfrischt so auch die kleinen Schleckermäuler!

Ergibt ca. 6–8 Stück leckere Eis am Stiel

SWEET

ZUTATEN

100 g Zucker

200 ml frisch gepresster Limettensaft

100 ml Wasser

2 Zweige Minze

SO GEHT'S

1. Zucker, Limettensaft und Wasser in einem kleinen Topf erhitzen, bis sich der Zucker vollständig aufgelöst hat. Das Ganze abkühlen lassen.

2. Die Minze klein hacken und unterrühren. Nun die Masse in Eis-am-Stiel-Formen abfüllen und für mindestens 4 Stunden (am besten jedoch über Nacht) in das Gefrierfach stellen. Nach etwa 1 Stunde die Eisstiele in die Masse stecken.

DEKO

Die Eis-am-Stiel-Formen mit Limettenscheiben auslegen, um einen dekorativen Effekt zu erzeugen. Die Limetten aber unbedingt vorher unter warmem Wasser abspülen.

VARIANTE

Im klassischen Mojito findet sich neben Limetten, braunem Zucker und Minze auch noch kubanischer Rum. Für einen eisgekühlten Cocktail am Stiel fügen Sie der Eismasse nach Geschmack etwa 5–10 cl Rum hinzu und frieren sie dann wie gewohnt ein.

ALL YOU NEED IS ICECREAM

MMH

ORANGE AM STIEL

Diese fruchtige Variante verspricht eiskalten Genuss am Stiel! Ideal für laue Sommernächte oder Partys am Pool.

Ergibt ca. 4 Stück leckere Eis am Stiel

ZUTATEN

100 g griechischer Joghurt

50 ml Buttermilch

50 g Zucker

1 Orange

100 ml Orangensaft

SO GEHT'S

1. Joghurt, Buttermilch und Zucker verrühren und gleichmäßig auf 4 Eis-am-Stiel-Formen verteilen. Die Masse sollte etwa jeweils $^1/_3$ der Form ausfüllen. Ungefähr 1 Stunde im Gefrierfach erhärten lassen.

2. Dann eine Orangenscheibe und den Orangensaft darübergeben und noch einmal für weitere 3–4 Stunden gefrieren. Nach ungefähr 1 Stunde die Eisstiele in das Eis stecken, damit sie gerade bleiben und nicht umkippen.

DEKO

Sie feiern eine Eisparty? Richten Sie das Orangeneis doch auf Orangenscheiben und Eiswürfeln an! Besondere Highlights zaubern Sie mit bunten Eiswürfeln. Geben Sie dafür einfach Kräuter, Blüten oder Obst in die Eiswürfelformen und lassen Sie diese mit Wasser gefüllt gefrieren.

ICE ICE BABY

COOL

YUMMY

LIKE ICE IN THE
SUNSHINE

EISCREMEKUCHEN

Rezept für eine kleine Springform, Durchmesser 16 cm (bei Verwendung einer größeren Form die Mengenangaben bitte mindestens verdoppeln)

Kredenzen Sie beim nächsten Kaffeekränzchen doch einfach einen köstlichen Kuchen aus Eiscreme! Diese Leckerei herzustellen ist gar nicht so schwer und das Ergebnis wird Ihre Gäste sicherlich beeindrucken.

YEAH

ZUTATEN

Für den Teig:

40 g Mehl

80 g Zucker

15 g Kakaopulver

1 Msp. Salz

1 Msp. gemahlene Vanille

60 g geschmolzene Butter

1 Ei

etwas Butter zum Einfetten

etwas Mehl zum Bestäuben

Für den Belag:

300 g Eiscreme nach Wahl

bunte Zuckerstreusel

SO GEHT'S

Für den Teig

1. Den Ofen auf 170 °C (Umluft) vorheizen. Die Springform fetten und mit Mehl bestäuben.
2. Die trockenen Zutaten in einer Rührschüssel miteinander verrühren. Butter und Ei langsam hinzufügen und weiter kräftig umrühren.
3. Den Teig in die Springform geben und ca. 20 Minuten backen. Abkühlen lassen und aus der Form nehmen. Die Form säubern und wieder um den Kuchen legen.

Für den Eiscremekuchen

1. Ca. 300 g Eiscreme nach Wahl auf dem zuvor gebackenen Boden verteilen. Die Springform dient als Begrenzung, damit das Eis nicht herauslaufen kann. Wer mag, streut noch Streusel als Topping darüber.
2. Dann wandert der Eiscremekuchen für mindestens 1 Stunde in das Gefrierfach, um noch einmal richtig durchzufrieren.
3. Die Springform vorsichtig entfernen, mit einem Messer kleine Stückchen zuschneiden und genießen!

DEKO

Es müssen nicht immer bunte Streusel sein. Ersetzen Sie diese doch einfach durch Krokant oder übergießen Sie den Kuchen mit selbst gemachter Karamellsoße (siehe Seite 52). Einfach lecker!

TIPP

Ich empfehle Ihnen, selbst gemachtes Eis zu verwenden, da dieses weniger schnell zerfließt als gekauftes Eis. So haben Sie und Ihre Gäste länger etwas von dem leckeren Eiscremekuchen.

SWEET

EAT MORE
ICECREAM

HIMBEERGUGL

Wie süß! Diese Mini-Eisgugl sind nicht nur unglaublich lecker, sondern auch unheimlich praktisch: Sie lassen sich nämlich im Nullkommanichts verputzen!

Ergibt ca. 20 leckere Mini-Gugl

MMH

ZUTATEN

200 g Naturjoghurt

150 g griechischer Joghurt

50 g Zucker

100 g Himbeeren

SO GEHT'S

1. Joghurt, griechischen Joghurt und Zucker miteinander verrühren.
2. Die Himbeeren mit einer Gabel leicht zerdrücken und ebenfalls unterrühren.
3. Dann die Masse in eine Mini-Guglhupf-Form füllen und tiefkühlen. Nach ungefähr 4 Stunden sollten die Mini-Gugl gefroren sein.

DEKO

Besonders originell sehen die kleinen Gugl aus, wenn sie in Gläsern angerichtet werden. Stellen Sie die Gläser vor Gebrauch am besten in den Kühlschrank, dann schmilzt das Eis nicht so schnell!

TIPP

Sie besitzen keine Guglhupf-Form? Kein Problem, auch mit Eiswürfelformen oder sämtlichen anderen Silikon- und Plastikformen lässt sich hübsches Mini-Eis zaubern!

LIKE ICE IN THE SUNSHINE

SWEET

CREMIGES ZIMTEIS

Mit Zimt ist es ja so eine Sache: Entweder man liebt ihn oder eben nicht. Ich jedenfalls liebe Zimt, und diese Eiskreation ist meine allerliebste.

Ergibt ca. 4 leckere Portionen

MMH

ZUTATEN

1 Ei

1 Eigelb

½ Päckchen Bourbon-Vanillezucker

1 EL Zucker

2 TL Zimt

200 g Sahne

SO GEHT'S

1. Zuerst werden Ei und Eigelb, Vanillezucker, Zucker und Zimt miteinander verrührt.

2. Dann muss die Sahne steif geschlagen werden. Nun alles vermischen und wer mag, streut noch ein bisschen Extra-Zimt dazu.

3. Die Eismasse wandert nun in eine gefriergeeignete Schüssel oder Dose und verschwindet im Gefrierfach. Regelmäßig gut durchrühren, dann wird das Eis sehr cremig. Nach ungefähr 4 Stunden sollte Ihr Eis genussbereit sein.

VARIANTE

Servieren Sie das Zimteis als Sandwich!

Zutaten

Für ein Eiscreme-Sandwich benötigen Sie:
2 große Schokoladencookies
mindestens 1 Kugel Zimteis

SO GEHT'S

Die Kugel Eis auf die Rückseite eines der Kekse geben und mit dem anderen Keks bedecken.
Fertig ist das Eiscreme-Sandwich!

TIPP

Wenn Sie zerkleinerte Spekulatius unterrühren, erhalten Sie eine leckere weihnachtliche Eisvariante!

YEAH

EAT MORE
ICECREAM

SHAKE IT, BABY!

Wenn nichts mehr geht, geht immer noch ein Milchshake! Ganz einfach aus zwei Zutaten gezaubert, schmeckt er Jung und Alt – egal, wann, egal, wo.

Ergibt 1 leckere Portion

I LOVE ICECREAM

ZUTATEN

250 ml Milch

2 Kugeln Eis nach Wahl

SO GEHT'S

1. Milch und Eis im Mixer miteinander verrühren, im Anschluss in ein Glas oder eine kleine Milchflasche umfüllen und eiskalt genießen!

DEKO

Aus schwarzen Sternaufklebern und weißem Stift zaubern Sie im Handumdrehen hübsche Etiketten für die kleinen Milchflaschen. Ein echter Hingucker!

VARIANTE

Servieren Sie zur Abwechslung doch einen cremigen Milchshake-Eisbecher! Je 2 Kugeln Schokoladen- und Vanilleeis werden in einen hohen Eisbecher gefüllt. Mit etwas Schokoladensoße übergießen und mit einem Schokoladen-Milchshake auffüllen. Mit Sahne garnieren, Soße darübergießen und zum Abschluss Krokant auf die Sahnehaube streuen. Eine Amarenakirsche verleiht dem Eisbecher eine Extraportion Glamour.

DEKO

Gönnen Sie Ihren Eislöffeln doch einmal etwas Abwechslung: Bemalen Sie die Griffe der Löffel einfach mit Buntlack! Dazu können Sie entweder den Löffel in den Lack tauchen oder den zu lackierenden Bereich mit Tape abkleben und vorsichtig anmalen. Eine Superidee für Eispartys!

YUMMY

SHAKE IT

VANILLE
ERD BEER
SCHOKO

COPACABANA-EIS

Dieses Eis erinnert nicht nur optisch an Südseeträumereien. Auch der sanfte Geschmack von Kokos und weißer Schokolade lässt an Sommer, Sonne und Strand denken!

Ergibt ca. 4 leckere Portionen

SWEET

ZUTATEN

1 Eigelb

1 Ei

1 EL Zucker

50 g weiße Schokolade

150 ml Kokosmilch

200 ml Sahne

SO GEHT'S

1. Zunächst werden Eigelb, Ei und Zucker schaumig geschlagen. In der Zwischenzeit wird im Wasserbad die Schokolade mit der Kokosmilch aufgelöst. Wenn die Schokolade geschmolzen ist, das Ganze beiseitestellen und kurz abkühlen lassen.

2. Wenn die Schokoladenmasse abgekühlt ist, diese zum Ei geben.

3. Nun wird die Sahne steif geschlagen und untergehoben. Die Eismasse in eine gefriergeeignete Schüssel füllen und für ungefähr 4 Stunden in das Gefrierfach stellen. Damit das Eis cremig bleibt, regelmäßig umrühren.

DEKO

Servieren Sie Ihr Kokoseis doch in Waffeln! Als besonderes Highlight gönnen Sie den Eiswaffeln vor dem Servieren ein Bad in heißer Schokolade.

TIPP

1 EL Kokosraspel mit 1 EL braunem Zucker in der Pfanne rösten, bis die Kokosraspel goldbraun sind. Die Eiskugeln vor dem Servieren darin wälzen und im Anschluss verzehren.

YUMMY

ALL YOU NEED
IS ICECREAM

BESCHWIPSTES ZIMTPARFAIT

„Parfait“ kommt aus dem Französischen und bedeutet „vollkommen“ oder „hervorragend“. Eine wirklich treffende Beschreibung für diese leckere Köstlichkeit ...

Ergibt ca. 4 leckere Portionen

ZUTATEN

3 Eigelb

100 g Zucker

1 TL Zimt, gemahlen

2 EL Whiskey

250 g Sahne

SO GEHT'S

1. Eigelb und Zucker werden zunächst etwa 10 Minuten geschlagen bis eine cremige, helle Masse entsteht.
2. Dann Zimt und Whiskey unterrühren. Die Sahne steif schlagen und unter die Zimtcreme heben.
3. In Förmchen füllen und mindestens 4 Stunden – besser über Nacht – in das Gefrierfach stellen.

DEKO

Kleine Kuchenformen eignen sich prima als Formen für das Parfait. Ich habe hier hübsche Tarteförmchen benutzt, um das Parfait anzurichten.

TIPP

Besonders lecker schmeckt das Parfait, wenn Sie etwas geschlagene Sahne auf das fertige Parfait geben und Zimt darüberstreuen. Mmh!

SWEET

EAT MORE ICECREAM

HANDMADE
WITH LOVE
MMH

JOGHURTEIS AM STIEL

Dieses Eis ist blitzschnell gezaubert, immer wieder anders und erfrischend lecker!

Ergibt ca. 4 Stück leckere Eis am Stiel

MMH

ZUTATEN

200 g Naturjoghurt

50 g Zucker

1 Handvoll Beeren nach Wahl

SO GEHT'S

1. Joghurt und Zucker miteinander verrühren.

2. Die Beeren mithilfe einer Gabel zerdrücken und durch ein Sieb streichen. Unter die Joghurtmasse rühren und diese in vorbereitete Eis-am-Stiel-Formen oder Joghurtbecher füllen. Für ungefähr 4 Stunden im Gefrierfach tiefkühlen und eiskalt genießen! Nach etwa 1 Stunde die Eisstiele in die angefrorene Eismasse stecken, damit sie nicht umfallen.

DEKO

Erinnern Sie sich noch an das beliebte Kult-Schiebeeis von früher? Mittlerweile kann man die Push-Pop-Formen problemlos kaufen. Befüllen Sie die Formen einfach mit dem Eis und fühlen Sie sich beim Genießen ein bisschen in die 90er-Jahre zurückversetzt!

TIPP

Ein hübsches Streifenmuster entsteht, wenn Sie einen Teil der Joghurtmasse ohne Beeren anrühren und abwechselnd die unterschiedlichen Lagen übereinanderschichten.

I LOVE ICECREAM

SWEET

OBSTSALAT AM STIEL

Obstsalat im Sommer ist eine wahre Gaumenfreude.
Obstsalat am Stiel sorgt zudem für eine
willkommene Abkühlung an heißen Tagen.

Ergibt ca. 4 Stück leckere Eis am Stiel

HEISS AUF EIS

ZUTATEN

100 g Obst nach Wahl (z. B. 1 Kiwi, 1 kleine Orange, 1 Handvoll Blaubeeren)

200 g Naturjoghurt

20 g Zucker

SO GEHT'S

1. Die Früchte waschen bzw. schälen und in Scheiben schneiden. Kleine Beeren ganz lassen.
2. Den Joghurt mit dem Zucker verrühren. Etwa 1 Teelöffel Joghurt in die Eis-am-Stiel-Formen füllen. Dann die Früchte verteilen. Sollen die Scheiben durchscheinen, diese an die Außenwände der Formen legen.
3. Den restlichen Joghurt verteilen und dabei aufpassen, dass sich keine Luftblasen bilden. Sollten sich Blasen gebildet haben, die Formen auf den Tisch klopfen, damit sich der Joghurt besser verteilen kann.
4. Eisstiele hineinstecken und für mindestens 4 Stunden in das Gefrierfach stellen.

DEKO

Auf Obstscheiben angerichtet, macht dieses Eis übrigens seinem Namen alle Ehre. Wer mag, kann auch Obstscheiben auf die Eisstiele stecken, um einen schönen Effekt zu zaubern.

TIPP

Statt Kiwi, Orange und Blaubeeren können Sie natürlich auch Erdbeeren, Himbeeren, Ananas und Co. verwenden, um einen bunten Obstsalat am Stiel zu zaubern.

LIKE ICE IN THE SUNSHINE

ICECREAM

KARAMELL-BREZEL-EIS

Gegensätze ziehen sich an! Süßes und Salziges ist für mich eine Kombination, die immer geht. Dieses Eis verbindet süßes Karamell und Schokolade mit salzigen Brezeln. Ein kühler Genuss!

Ergibt ca. 4 leckere Portionen

ZUTATEN

1 Ei

3 Eigelb

2 EL Zucker

100 g Schokolade

250 ml Sahne

Karamellsoße (siehe Seite 52)

1 Handvoll Knabberbrezeln

SO GEHT'S

1. Ei, Eigelb und Zucker werden in einer Schüssel schaumig gerührt. Die Schokolade in der Zwischenzeit im Wasserbad schmelzen und etwas abkühlen lassen. Sobald die Schokolade etwa handwarm ist, zur Eimasse geben und verrühren. Die Sahne steif schlagen und anschließend unterheben.

2. Die Masse in eine Aluminiumschüssel geben, mit Aluminiumfolie abdecken und ins Gefrierfach stellen. Die Eismasse etwa alle 30 Minuten umrühren, damit sich keine Eiskristalle bilden.

3. Bevor das Eis durchgefroren ist, kommen das Karamell und die Brezeln zum Einsatz. Die Brezeln klein schneiden (sie sollten nicht zu bröselig sein) und zum Eis geben. Nehmen Sie nicht zu viele Brezeln, Sie brauchen noch ein paar zum Dekorieren. Danach klecksweise die Karamellsoße im Eis verteilen und nur einmal kurz umrühren, sodass nicht alles mit der Schokoladenmasse vermischt ist. Das Eis erhält nun eine schöne Marmorierung. Nach insgesamt 4 Stunden sollte das Eis fertig sein.

TIPP

Servieren Sie das Karamell-Brezel-Eis am besten mit einem Spritzer Karamellsoße und zerkleinerten Brezeln, das unterstreicht den besonderen Geschmack.

VARIANTE

Probieren Sie statt süßer doch einmal salzige Karamellsoße!

Zutaten

125 ml Wasser
250 g Zucker
125 ml Sahne
15 g Butter
¼ TL Meersalz (z. B. Fleur de sel)

So geht's

Wasser und Zucker in einen hohen Topf mit Deckel geben. Aufkochen, die Hitze reduzieren und langsam weiterköcheln lassen, bis sich Blasen bilden. Zwischendurch mit dem Schneebesen etwas rühren.

Weiterrühren, bis die Masse einen warmen Braunton erreicht hat. Das Karamell sollte aber nicht zu dunkel werden, sonst brennt es an! Den Topf vom Herd nehmen und die Sahne über der Resthitze erwärmen.

Ein wenig Sahne zum Karamell in den Topf geben und umrühren. Vorsicht: Es bilden sich Blasen! Nach und nach den Rest der Sahne unterrühren. Dann die Butter und das Salz hinzugeben und rühren, bis eine homogene Masse entsteht. Fertig!

UNENTBEERIG

Manchmal muss es ganz schnell gehen: Dieses Eis ist ruck, zuck fertig! Alles, was Sie dazu brauchen, sind ein Standmixer und drei simple Zutaten.

Ergibt ca. 4 leckere Portionen

ZUTATEN

300 g gefrorene Früchte

6 EL Naturjoghurt

100 g Zucker

SO GEHT'S

1. Alle Zutaten in den Mixer geben und so lange miteinander vermixen, bis eine homogene Masse entsteht. Und schon ist das leckere Beereneis fertig!
2. Sie können das Eis direkt verzehren oder aber im Gefrierfach aufbewahren, bis die Gäste kommen.

MMH

TIPP

Achten Sie darauf, dass Ihr Mixer Gefrorenes zerkleinern kann, um ihn nicht kaputt zu machen. Dieses Rezept schmeckt übrigens auch sehr gut mit allerlei anderen Früchten, scheuen Sie sich nicht, zu experimentieren!

DEKO

Servieren Sie dieses leckere Eis doch zu einer belgischen Waffel! Eine tolle Kombination für warme Sommertage im Garten.

I LOVE ICECREAM

SWEET
YUMMY
mmmhh ...

EISGETÜTET

Schon als Kind habe ich es geliebt, nach einem leckeren Eis auch noch die Eiswaffel aufzuknabbern. Warum also nicht einfach mal die Eiswaffel zum Highlight machen?

ZUTATEN

Vollmilchschokolade (nach Bedarf)

Eiswaffeln (selbst gemacht oder gekauft)

bunte Zuckerstreusel

SO GEHT'S

MMH

1. Die Schokolade im Wasserbad schmelzen lassen.
2. Die Eiswaffeln mit der Öffnung in die Schokolade tauchen und anschließend die Zuckerstreusel darüberstreuen.
3. Trocknen lassen. Eiskugeln anrichten und losknuspern!

DEKO

Es müssen nicht immer bunte Streusel sein – dekorieren Sie die Eiswaffeln doch auch einmal mit Krokant, gehackten Pistazien, Kaffeebohnen oder bunten Schmelzdrops. Der Fantasie sind keine Grenzen gesetzt!

VARIANTE

Mit einem Waffelhörnchenautomaten zaubern Sie ganz einfach selbst gemachte Waffeln! Alternativ lassen sich auch viele herkömmliche Waffeleisen verwenden.

Zutaten

Für ungefähr 10 Waffeln benötigen Sie:
50 g zerlassene Butter
100 g Puderzucker
180 ml Milch
130 g Mehl
1 TL Vanillezucker

SO GEHT'S

Die Butter in einem Topf schmelzen. Darauf achten, dass sie nicht zu dunkel wird. Den Puderzucker nach und nach einrühren. Die Milch unterrühren und mit Mehl und Vanillezucker zu einem glatten Teig verarbeiten. Diesen ca. 30 Minuten zugedeckt ruhen lassen und im Anschluss im Waffelhörnchenautomaten backen. Sofort nach der Entnahme zu Hörnchen aufrollen.

SOSSENPARADE

Eis ohne Soße ist wie Zirkus ohne Clown! Deswegen sollten Sie unbedingt eine der nachfolgenden Soßenattraktionen nachzaubern und Ihre Eiskreationen damit verfeinern.

ZUTATEN

Schokoladensoße (ergibt ca. 250 ml)

150 ml Wasser

50 g Honig

50 g Zucker

80 g ungesüßter Kakao

30 g Zartbitterschokolade

Karamellsoße (ergibt ca. 300 ml)

70 g geschmolzene Butter

100 ml Sahne

100 ml saure Sahne

200 g Zucker

Blaubeersoße (ergibt ca. 300 ml)

200 g frische Blaubeeren

100 g Zucker

1 EL Zitronensaft

abgeriebene Zitronenschale einer unbehandelten Zitrone

50 ml + 1 EL kaltes Wasser

1 EL Stärke

SO GEHT'S

Schokoladensoße

1. Wasser, Honig, Zucker und Kakao aufkochen und bei mittlerer Hitze ca. 5 Minuten unter Rühren weiterköcheln lassen. Es entsteht eine dickliche Masse.

2. Den Topf vom Herd nehmen und die Schokolade einrühren, danach noch einmal kurz aufkochen.

3. In eine Flasche oder ein Schraubglas füllen und gekühlt lagern.

Karamellsoße

1. Die Butter in einem Topf schmelzen. In einem anderen Topf Sahne gemeinsam mit der sauren Sahne erwärmen. Beides beiseitestellen.

2. Den Zucker in einen großen Topf geben und bei mittlerer Hitze erwärmen. Wenn der Zucker eine leicht bräunliche Farbe annimmt, die geschmolzene Butter vorsichtig hinzufügen, dabei unbedingt kräftig rühren! Dann die Sahne hineingeben und den Topf vom Herd nehmen.

3. In eine Flasche oder ein Schraubglas füllen und gekühlt lagern.

Blaubeersoße

1. Blaubeeren, Zucker, Zitronensaft, Zitronenschale und 50 ml Wasser in einem Topf erwärmen und ca. 5 Minuten bei mittlerer Hitze köcheln lassen, bis die Früchte zerfallen. Gelegentlich umrühren.

2. In einer kleinen Schüssel 1 EL Stärke und 1 EL kaltes Wasser verrühren und zu den Blaubeeren geben. Mehrmals umrühren.

3. In eine Flasche oder ein Schraubglas füllen und gekühlt lagern.

DEKO

Die Soßen eignen sich prima als Gastgeschenk oder kleine Aufmerksamkeit für liebe Freunde. Dazu einfach die Flaschen hübsch dekorieren, zum Beispiel mit Schleifenband und Etiketten. Über selbst gemachte Geschenke freut man sich einfach am meisten!

TIPP

Zum Befüllen der Flaschen einen Trichter verwenden, damit nichts vorbeiläuft.

RESTEWÖLKCHEN

Sie haben ganz viel leckeres Eis gezaubert und jetzt jede Menge Eiweiß übrig? Das geht mir auch immer so. Wegwerfen ist aber keine Alternative, also gibt's jetzt köstliche Baisers!

Ergibt ca. 1 Backblech voller leckerer Wölkchen

I LOVE ICECREAM

ZUTATEN

3 Eiweiß

120 g Zucker

nach Belieben flüssige Lebensmittelfarbe

SO GEHT'S

1. Das Eiweiß steif schlagen und nach und nach den Zucker unterrühren, bis er sich ganz aufgelöst hat.
2. Nach Belieben 2 Tropfen Lebensmittelfarbe unterrühren.
3. Die Masse in einen Spritzbeutel füllen und nebeneinander erst einen kleinen, dann einen großen und dann wieder einen kleinen Tupfen auf ein mit Backpapier belegtes Backblech setzen. So entstehen viele kleine Wölkchen.
4. Bei 110 °C (Umluft) ca. 80 Minuten im Backofen trocknen.

TIPP

Sind die Baisers schon so weit?
Wenn Sie mit dem Finger auf die Spitze der Baisers tippen, sollten diese fest sein, dann sind sie fertig.

VARIANTE

Wenn die Baisers ausgekühlt sind, können Sie sie mit geschmolzener Schokolade überziehen und zum Beispiel mit Kokosraspeln oder bunten Streuseln bestreuen.

WITH LOVE FROM
katja
TO YOU
SO SWEET

EISBAR

Sie feiern eine Eisparty? Wie wäre es mit einer Eisbar, um Ihre Eiskreationen hübsch zu präsentieren? Dazu brauchen Sie nur einen geeigneten Tisch, etwas Deko und natürlich jede Menge Eis! Besonders hübsch wird es, wenn Sie sich vorher ein Farbschema überlegen. Ich habe mich für Rosa als dominierende Farbe entschieden und alle Dekoelemente entsprechend ausgewählt. Füllen Sie die Eiscreme zum Beispiel in große Bonbongläser, die Sie mithilfe von Klebeetiketten beschriften. Eine hübsche Girlande und Luftballons in den passenden Farben runden das Bild ab. Weitere tolle DIY-Ideen finden Sie auf den nächsten Seiten. So steht der Eisparty nichts mehr im Wege!

Vergessen Sie nicht, auch das Eis optisch in Szene zu setzen. Bieten Sie Ihren Gästen unterschiedliche Toppings wie Schokoladenstreusel, Krokant oder Keksbrösel an. So wird jede Eiskreation zu einem Unikat!

EISTRÜFFEL

Eine originelle Idee für Kindergeburtstage oder andere Eisfeste: Eistrüffel für alle!

Zutaten

Ergibt ca. 4 Portionen
200 g Eis nach Wahl
Nonpareilles in der Farbe Ihrer Wahl

SO GEHT'S

1. Eistrüffel herstellen ist wirklich einfach, es erfordert nur ein wenig Geduld: Zuerst werden Eiskugeln aus dem Eis gestochen, es empfiehlt sich, hierfür einen kleinen Eisportionierer zu benutzen.

2. Die Kugeln wandern dann auf einen mit Backpapier ausgelegten Teller oder einem Brettchen in den Gefrierschrank, wo sie mindestens 1 Stunde lang fest werden dürfen.

3. Dann Eisstiele oder Eislöffel in die Kugeln stecken und sie in Nonpareilles Ihrer Wunschfarbe wälzen. Im Anschluss wandern die Eistrüffel noch einmal für ca. 1 Stunde in den Gefrierschrank, bevor sie dann verspeist werden können.

BLAU BEERE
SCHOKO

EINLADUNGSKARTEN

Was wäre eine Party ohne passende Einladungen? Kein Wunder also, dass die Karten für die Eisparty in Form von leckerem Eis am Stiel daherkommen.

MATERIAL

Vorlage für Einladung und Wimpel
(siehe Seite 63)

buntes Papier

weißes Papier

Schere

Buchstabensticker

Masking Tape

Buchstabenstempel

Klebepunkte

Kleber

Eisstiele

SO GEHT'S

1. Die Vorlage für das Eis auf das bunte Papier übertragen und ausschneiden.
2. Die Vorlage für die Wimpel dreifach auf das weiße Papier übertragen und ausschneiden.
3. Mit Buchstabenstickern und Masking Tape dekorieren.
4. Unter jeden Wimpel einen Klebepunkt setzen und halbkreisförmig auf der rechten Eisvorlage anordnen.
5. Darunter das Wort „Party“ stempeln.
6. Die linke Seite der Eisvorlage mit entsprechenden Fakten gestalten (Wann und wo findet die Party statt?) und verzieren.
7. Die Innenseite der Eisvorlage mit Kleber einstreichen und den Eisstiel aufsetzen.
8. Beide Seiten aufeinanderklappen und glatt streichen. Und fertig ist die originelle Partyeinladung!

EIS
party
EIS
party
wann?
15.07.2015
wo?
bei mir
zuhause.
Katja
LIKE ICE IN
THE SUNSHINE

EISGIRLANDE

Mit einer hübschen Eisgirlande peppen Sie jede Sommerparty auf! Wie einfach solch ein Blickfang herzustellen ist, sehen Sie hier.

MATERIAL

Vorlage Eisgirlande (siehe Seite 63)

buntes Papier

braunes Papier

Schere

Kleber

passendes Band, Wolle, Garn o. Ä.

Klebestreifen

SO GEHT'S

1. Die Vorlage für die Eiskugel auf das bunte Papier übertragen und ausschneiden.
2. Die Vorlage für die Eistüte auf das braune Papier übertragen und ausschneiden.
3. Die Kugel mit Kleber auf das obere Viertel der Eistüte kleben.
4. So viele Eiswaffeln und Eiskugeln zuschneiden, wie benötigt werden, und diese zusammenkleben.
5. Ein entsprechend langes Band mithilfe von Klebestreifen auf der Rückseite der Eiskugeln befestigen und die Girlande aufhängen.

VARIANTE

Die Eisgirlande können Sie auch als Miniversion basteln! Verkleinern Sie dafür einfach die Vorlage auf Seite 63 und schneiden Sie die einzelnen Teile aus. Als Alternative zur Aufhängung mit Klebeband können Sie an den Eiskugeln kleine Löcher ausschneiden, um den Faden hindurchzufädeln. Macht sich übrigens auch super als Girlande für eine Torte oder einen Geburtstagskuchen!

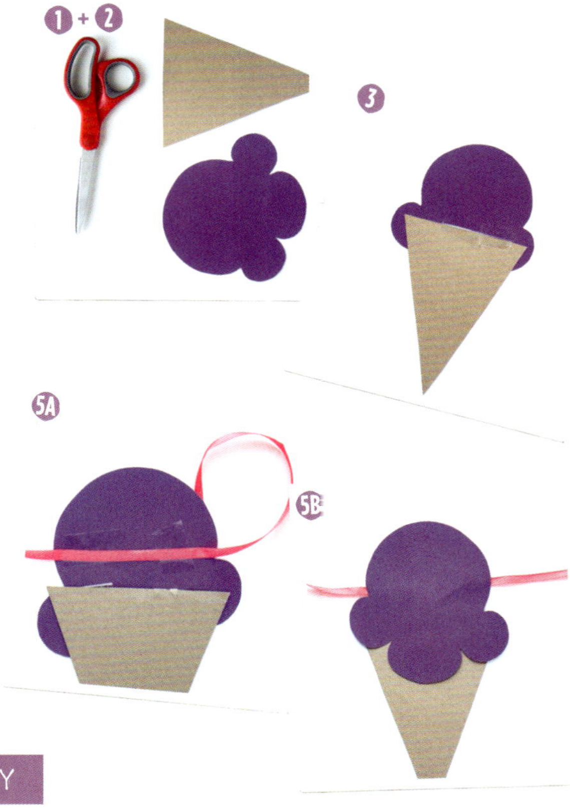

HAVE AN ICE
DAY

EISSTEMPEL

Stempel herzustellen ist gar nicht so schwer!
Mit ein bisschen Übung und dieser Vorlage können
Sie ratzfatz eigene Stempel schnitzen.

EISPARTY

MATERIAL

Vorlage Stempel (siehe Seite 63)

Radiergummi

Linolschnittwerkzeug

SO GEHT'S

1. Die Vorlage auf den Radiergummi übertragen.
2. Mit dem Linolschnittwerkzeug das an der Seite überschüssige Gummi großflächig abtragen.
3. Die Innenflächen vorsichtig herausschneiden. Dabei darauf achten, dass die in der Vorlage farbig hinterlegten Flächen komplett abgetragen werden.
4. Es kann gestempelt werden!

TIPP

Der Stempel eignet sich prima zum Verzieren von Einladungs- oder Platzkarten. Alternativ zum Linolschnittwerkzeug können Sie auch ein Cutter-Messer oder ein Skalpell benutzen.

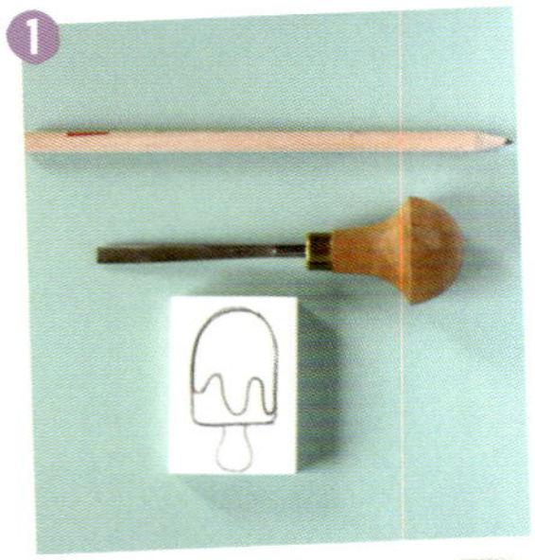

VORLAGEN

Auf dieser Seite finden Sie die Vorlagen für die DIY-Anleitungen. Diese können Sie natürlich je nach Bedarf vergrößern oder verkleinern.

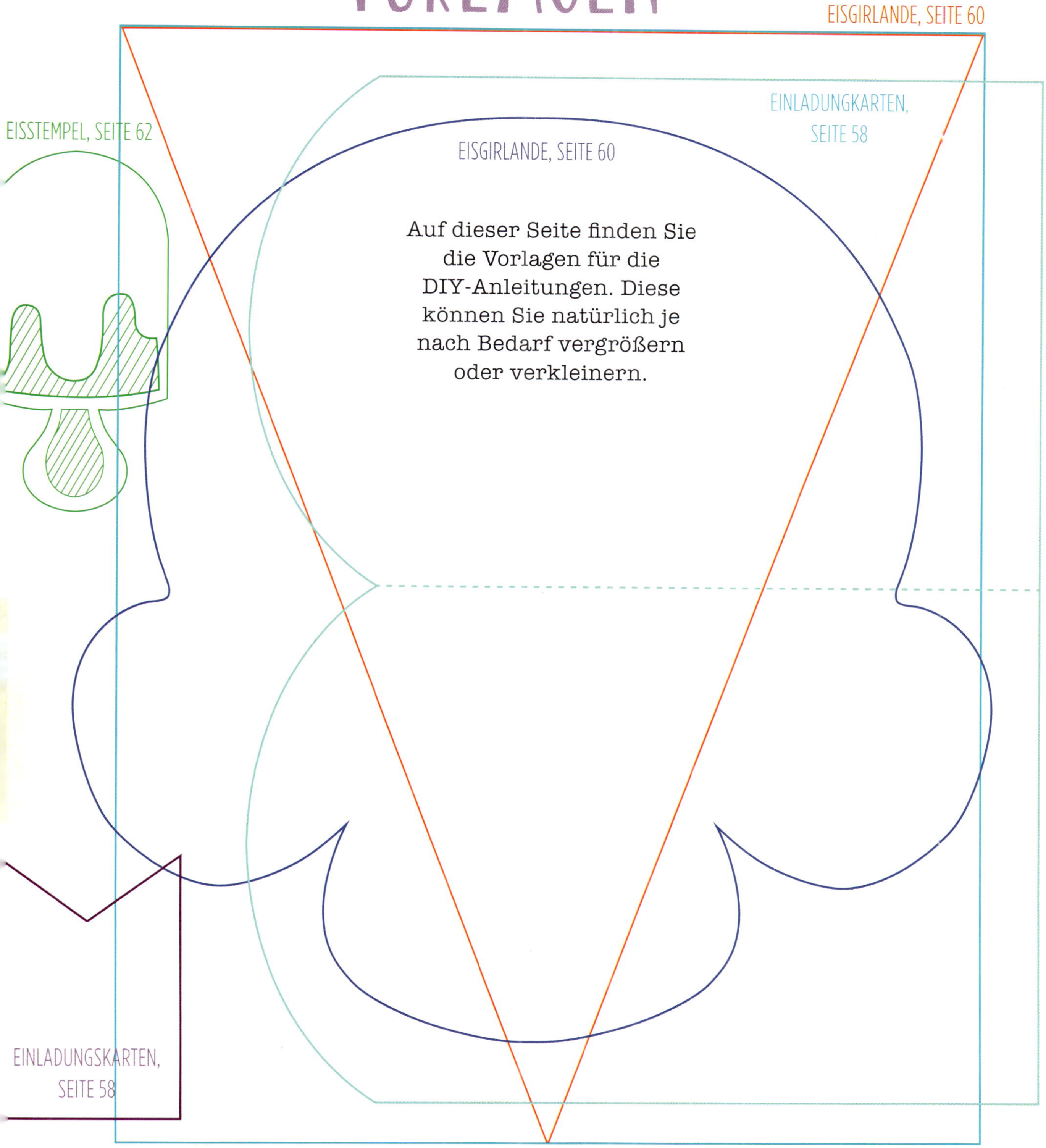

ÜBER DIE AUTORIN

Katja Westphal ist Sozialpädagogin und lebt und arbeitet in Ostfriesland. Sie liebt alles, was bunt und liebevoll ist, und ihr Herz schlägt für Selbstgemachtes. Wenn sie nicht in ihrer Heimat unterwegs ist oder Eis kreiert, bloggt sie auf **maedchenmitherz.de** über alles, was sie glücklich macht: DIY-Ideen, Heimatabenteuer, Rezepte und das Bloggen an sich. Und natürlich über selbst gemachtes Eis.

DANKSAGUNG

An dieser Stelle bleibt mir nur, zu sagen: Ich habe es geschafft!

Es hat viel Nerven gekostet und die ein oder andere Eiskreation schmolz schon beim Dekorieren dahin. Aber Ende gut, alles gut und so blicke ich auf eine aufregende und sehr lehrreiche Zeit zurück.

Mein Dank geht vor allem an die Edition Michael Fischer, die mir zugetraut haben, ein Buch über selbst gemachtes Eis zu schreiben. Vielen, vielen Dank für das Vertrauen! Und danke auch für die tolle Begleitung während des Schreibens.

Ohne meine Familie und den geduldigsten Freund von allen wäre dieses Buch allerdings nicht möglich gewesen. Und auch ohne die Unterstützung vieler lieber Freundinnen, die mir die Daumen gedrückt haben, könnten Sie dieses Buch nicht in den Händen halten.

Ein großes „Dankeschön" geht auch an Anna vom Onlineshop Casa di Falcone, die, ohne lange zu überlegen, an mich glaubte und mich mit vielen tollen Dekomaterialien versorgt hat!

Und vielen lieben Dank auch an all die Menschen, die mich unterstützen, indem sie dieses Buch kaufen und fleißig selbst Eis herstellen.

An die Löffel, fertig, los!

IMPRESSUM

Bibliografische Information der Deutschen Bibliothek.
Die Deutsche Bibliothek verzeichnet diese Publikation in der deutschen Nationalbibliografie.
Detaillierte bibliografische Daten sind im Internet über http://www.d-nb.de/ abrufbar.

EIN BUCH DER EDITION MICHAEL FISCHER

2. Auflage 2017

Produktmanagement und Lektorat: Annika Christof, Natascha Mössbauer
Layout: Verena Raith
Cover und Satz: Claudia Weyh

ISBN 978-3-86355-306-7

Printed in Slovakia

www.emf-verlag.de